DOCUMENTS

POUR SERVIR

A L'HISTOIRE DE LA CHRÉTIENTÉ

DE DUNKERQUE

annotés par

A. BONVARLET

Extrait du Bulletin du Comité Flamand de France.

LILLE,
IMPRIMERIE DE LEFEBVRE-DUCROCQ
Place du Théâtre, 36.
1862

DOCUMENTS

POUR SERVIR A L'HISTOIRE DE LA CHRÉTIENTÉ DE DUNKERQUE.

Nous possédons en double exemplaire le premier des documents que nous publions aujourd'hui et qui provient de bonne source, car il appartint à Pierre-Louis Faulconnier, mort à Dunkerque, le 20 janvier 1817. Ce petit-fils de l'historien dunkerquois avait refondu l'ouvrage de son aïeul[1] et avait réuni dans ce but bon nombre de matériaux dont quelques-uns sont devenus la propriété de M. A. Dasenbergh, qui a bien voulu s'en dessaisir en notre faveur[2].

En accompagnant de notes nombreuses la liste chronologique des curés de Dunkerque, nous n'avons pas cherché à faire preuve d'érudition; nous avons tout simplement tenu à faciliter les recherches de ceux qui voudraient y recourir. Nous ajouterons qu'il nous eût été aisé de présenter ce do-

[1] Notre collègue au Comité flamand, M. Raymond De Bertrand, possède un exemplaire du prospectus de la souscription qui fut ouverte à Dunkerque vers le mois de janvier 1818, pour la publication de l'*Histoire de Dunkerque*, « entièrement refaite et continuée jusqu'en 1814, par feu M. Pierre-Louis Faulconnier, ancien président de la chambre de commerce, etc. » L'ouvrage qui devait comprendre deux vol. in-8°, d'environ 500 pages chacun, n'a pas paru. M. J.-J. Carlier, qui possède également un exemplaire de ce prospectus, nous écrivait à ce sujet, le 24 décembre 1861 : ...... « Il est de la main de Constant Pieters, et c'est lui qui devait donner ses soins à cette nouvelle édition...... Je crois qu'il n'y a pas eu d'autre manuscrit de cet ouvrage que les documents que possédait le vieux Faulconnier, mort en 1817, et que Pieters aurait mis en œuvre, si la souscription avait réuni le moyen de cette publication ; mais il n'y fallut pas songer, la souscription ne trouva pas *dix amateurs*. C'était pour cette entreprise que C. Pieters avait retravaillé le *Siége de 1558*, qui a été imprimé dans les *Muses Dunkerquoises*. »
[2] M. A. Dasenbergh avait passé quarante années de sa vie à recueillir des documents sur Dunkerque, sa ville natale. Il nous a cédé, en même temps que les manuscrits qui lui avaient été donnés par Mlle Faulconnier, dernière héritière de sa famille, une nombreuse collection qui est venue grossir celle que nous avions commencé à former dans l'intention de faire la bibliographie dunkerquoise.

cument comme le fruit de nos propres recherches et de faire disparaître les incorrections qu'il présente; mais, comme nous sommes grand amateur de la probité littéraire, nous avons trouvé plus honnête de le publier tel que nous l'avons trouvé et de lui conserver sa physionomie en y laissant subsister le style enchevêtré et l'orthographe un peu fantaisiste de l'auteur.

Notre manuscrit n'ajoute, il est vrai, aucun nom à ceux qui ont déjà été donnés par M. Carlier, dans le « *Bulletin du Comité flamand* », t. II, mais, en certains endroits, il complète les renseignements donnés par M. Derode dans sa « *Notice sur l'église St-Eloi* », et M. Le Glay, que nous avons consulté au sujet des différences que notre liste offre avec le « *Cameracum* », nous a autorisé de la façon la plus aimable à publier ce petit supplément à son savant ouvrage.

C'est à la bienveillance de ce vénérable collègue que nous devons la seconde pièce que nous livrons à l'impression. Ce document est important à plusieurs égards; il nous offre d'abord le nom du premier curé connu de Dunkerque [1], ensuite il jette un peu de jour sur les évènements qui eurent lieu dans le West-Quartier de Flandre au commencement du règne Philippe de Valois. Les troubles religieux que mentionne la supplique de Jehan Lain se rattachent évidemment à la levée de boucliers des populations saxonnes de la lisière maritime, sous la conduite de Zanckin et de Segher Jansoone. Nous ne nous serions guère attendu à rencontrer ici des prédécesseurs de Wiclef et de Jean Huss, si nous ne nous étions rappelé que ce fut dans les rudes populations du littoral que se recrutèrent plus tard les « Gueux de mer », ces ardents et féroces disciples des réformateurs du XVIe siècle.

---

[1] Voir le *Cameracum*.

I.

Suite des Curés de Dunkerque [1].

1452. M. Nicaise Grieten[2] étoit vicaire-général de l'Evêché de Térouanne[3] en cette partie; ce fut par ses sollicitations qu'on construisit auprès de la tour[4] la nouvelle Eglise de la paroisse, qui, jusqu'alors, avoit été dans le faubourg; elle fut achevée en trois ans; elle étoit semblable à celle de St-Martin à Bergues[5]; il est vraisemblable que ce fut sous ce pasteur que les Récolets (alors les Cordeliers) s'établirent en cette ville en janvier 1436[6].

---

1 C'est là le titre que nous trouvons dans le manuscrit.
2 M. V. Derode. dans sa *Notice sur l'église St-Eloi*, p. 83, l'appelle Nicaise Gratens, Il n'est pas mentionné dans le *Cameracum*.
3 Qualification qui lui est également donnée par M. J J. Carlier, *Bulletin du Comité flamand*, t. II, p. 138.
4 La tour peut bien avoir été bâtie avant l'église brûlée en 1558, mais elle a toujours été destinée à être jointe à celle-ci; les traces laissées par la maçonnerie le prouvent surabondamment. Nous ne serons pas le premier à signaler des hérésies architecturales du bon Faulconnier (*Description historique de Dunkerque*, t. I, p. 25), relativement à l'église St-Eloi; M. Derode, dans la notice citée, p. 26 et 27, en a fait complètement justice.
M. J. J. Carlier dit que l'église fut consacrée vers 1443. (*Les institutions sociales étudiées dans les édifices religieux*, p. 11.)
5 Cette assertion paraît gratuite; l'église St-Martin, à Bergues, ayant été l'objet de modifications aussi considérables que l'église St-Éloi, il eût été bien difficile, au siècle dernier, de connaître la forme de ces édifices autrement que par une tradition fort contestable ou par des plans qu'on pourrait qualifier d'apocryphes, tels que celui de Faulconnier.
6 La Bulle autorisant l'érection des Frères mineurs de Dunkerque a été donnée par Eugène IV, aux calendes de janvier 1436 (*Auberti Miræi supplementum*, Bruxellis, 1748, in-f°, p.617), mais suivant l'opinion de Sanderus, admise par le *Cameracum*, suivant Faulconnier, *loco citato*, et suivant M. J. J. Carlier, *Sceldu gardien des frères mineurs de Dunkerque*, Paris, 1855, la date de l'érection du couvent serait 1438. M. Derode, *Histoire religieuse de la Flandre maritime*, p. 269-270, après avoir cité la bulle de 1436, parle de l'ouverture de la maison en 1434; il y a là une petite contradiction qui doit résulter d'une faute d'impression. Ce fut par les soins du curé Grietens que l'hospice de Dunkerque fut érigé en 1452.—Faulconnier.

Plurimi desunt.

1520. M. Léon Wouters[1], surnommé *Gualterus*, étoit natif d'Honschoote, avoit été régent dans la pédagogie du Lis à Louvain et ensuite curé à Dunkerque; il fonda le 8 aoust 1528, trois bourses à la nomination du curé de Dunkerque, des magistrats et du maître de la table des pauvres[2].

Il fonda une autre bourse de vingt-deux florins et demi, à la charge des Etats de Brabant, qui se confèrent comme celles cy-dessus; il fonda en cette église une aniversaire avec la cloche de St-Eloi[3] qui est célébré le 24 septembre; ayant été nommé doyen de l'église collégiale de St-Paul à Liége,

---

1 M. Derode, *Notice sur l'église St-Eloi*, p. 83, le retrouve en 1519, sous le nom de Lyon Vult; notons en passant avec M. Carlier, *Bulletin du Comité*, t. II, p. 140, et d'après un manuscrit de notre bibliothèque, que le vice-curé, Jérôme Marchant, célébra la messe le 7 juillet 1520 devant l'empereur Charles-Quint. Ces fonctions de vice-curé reviennent évidemment à celles de desserviteur; M. Derode, notice citée, *eodem folio*, parle du « curé chapelain » que nous croyons également devoir assimiler au desserviteur.

2 M. Derode qui a étudié les archives de Dunkerque avec une patience de bénédictin, a trouvé dans un registre de ce dépôt *(Renouvellement du magistrat n° 2)*, les pièces suivantes, dont il a donné l'indication au Comité et qui ont trait au curé Wouters. Notre collègue nous a obligeamment autorisé à faire usage du fruit de ses recherches.

1° f° 28, r° — Inventaire des documents relatifs aux trois Bourses fondées à Louvain par Léon Wouters (texte flamand).
2° f° 30, r° — Fondation faite par Léon Wouters, pasteur de la ville, au profit de la table des pauvres, 1528 (texte flamand).
3° f° 33. r° — Testament du s^r Léon Wouters, curé de la ville, 1529 (texte latin).
4° f° 35, r° — Pièce relative au même testament, 1568 (texte flamand).
5° f° 47, r° — Requête du magistrat de Dunkerque à l'évêque d'Ipres pour réduire les trois Bourses fondées par Léon Wouters à deux seulement, 1568 (texte flamand).
6° f° 48, r° — Consentement de l'évêque d'Ipres, 1568 (texte latin).

Faulconnier, t. I, p. 46 et p. 68, a dit quelques mots sur cette fondation.

3 Il y a bien encore aujourd'hui une cloche dite de St-Eloi, mais elle a été fondue en 1824. Voir la notice de M. Thélu, *Annales du Comité flamand*, t. II, p. 336.

il ne donna pas sa démission de la cure de Dunkerque jusqu'à sa mort qui arriva l'an 1533.

1533. M. LAURENT VANDERCREUSE [1].

1549. M. ADRIEN VANDENBROUCKE, surnommé *Palludanus (sic)*, se rendit remarquable par ses soins dans les temps les plus malheureux de cette ville, qui, ayant été prise d'assaut, le 2 juillet 1558, par les troupes du Roy Très Chrétien, fut mise à feu et à sang pendant trois jours de suitte ; il fut doyen de chrétienté et mourut le 30 avril 1563 [2]. M. Léonard Monghé, son vicaire, obtint la déserviture de l'église ; ce fut sous le pastorat de M. Vandenbroucke qu'il fut résolu de faire un nouveau chœur et des réparations à l'église qui avoit été brûlée.

1563. M. JEAN VLAMINCK [3], Doyen de Chrétienté ; il avoit été avant curé de St-Pierre à Bergues [4] ; il mourut ou quitta sa cure au mois de juin 1564.

1564. M. HENRY KELDERS [5]. Ce fut sous luy qu'on pré-

---

[1] Ce nom manque sur la liste donnée par M. Derode, *Notice sur l'église St-Eloi*, p. 83; mais il est rappelé par M. Carlier, sous la forme plus vraisemblable de Vandercruice, *Bulletin, loco citato*. Le *Cameracum* n'en fait pas mention, non plus que de son prédécesseur Wouters.

[2] Il était en fonctions le 28 juillet 1549, lorsque Charles-Quint et son fils Philippe passèrent par Dunkerque.—Faulconnier, t. I, p. 62. En 1559, le magistrat, voulant reconnaître les services qu'il avait rendus aux habitants de Dunkerque depuis qu'il était leur pasteur, lui accorda une rente annuelle de 37 liv. 10 s., mais à la condition toutefois que cela ne tireroit pas à conséquence pour ses successeurs.—Faulconnier, p. 63. En 1562, il bénit les cloches que Philippe de Huys venait de fondre pour la ville de Dunkerque. —Faulconnier, p. 64, et M. Derode, *Notice sur l'église St-Eloi*, p. 30-31. Suivant d'autres manuscrits qui nous appartiennent, ces cloches auraient été fondues en 1561 et auraient pesé 22,300 lib., poids de Dunkerque.

Mentionné par M. Carlier et par M. Derode, ce curé n'est pas indiqué par le *Cameracum*.

[3] Ce curé manque sur la liste de M. Derode et sur celle du *Cameracum*, mais il est signalé par M. Carlier.

[4] Il ne figure pas parmi les noms des curés de St-Pierre qui nous ont été conservés, par M. L. De Baecker, *Recherches historiques sur la ville de Bergues*, par M. David, *Bulletin du Comité flamand*, t. II, p. 158, et par M. Le Glay, dans le *Cameracum*.

[5] Il manque sur la liste de M. Derode et dans le *Cameracum*. M. Carlier, *Bulletin du Comité flamand*, p. 139, t. II, l'appelle Henri Kelderoe.

para tout pour la construction d'un nouveau chœur [1] et la réparation totale de l'église qui avoit été brûlée ; le magistrat, pour récompenser son zèle, luy offre 8 liv. 6 s. 8 d. de gros (ce qui faisoit une grande somme dans ce temps-là). Il donna sa démission de cette cure l'an 1571.

1571. M. PIERRE PRIEM [2] procura à l'Eglise de nouveaux livres pour chanter l'office divin conformément à l'ordonnance du Concile de Trente ; le service s'étoit fait jusqu'alors suivant le rit du diocèse de Térouanne ; l'Eglise et le cœur furent totalement réparés l'an 1574 [3], Il quitta sa cure cette même année 1574.

1574. M. GÉRARD LEYTHEN [4]. Le Bourguemaître posa la première pierre du grand autel ; il se retira d'icy ou mourut l'an 1576.

1576. M. MARTIN BACK [5], doyen de chrétienté, homme sçavant, le fléau des calvinistes ; ce fut alors que ce (sic) fit la fameuse confédération de Gand au mois de juillet 1576 entre les Etats des provinces de Flandres, Brabant, Artois et Haynaut ausquelles se joignit le prince d'Orange, chef de la rebellion contre Dieu, la religion catholique et son Roy légitime, à condition qu'on luy donnat en dépôt les villes maritimes de Dunkerque, Ostende et Nieuport ; il envoya quelques

1 En 1567, suivant Faulconnier, t. I, p. 67.
2 Son nom ne se trouve ni dans le *Cameracum*, ni dans M. Derode, mais M. Carlier le signale à la date de 1572. Remarquons ici en passant que M. Derode n'a pas tenu à donner la liste complète des curés de Dunkerque, il s'est borné à signaler ceux qu'il a rencontrés dans le cours de ses recherches.
3 Les restaurations que l'on vient de faire à l'église St-Eloi ont permis de retrouver sur un pendentif du chœur le millésime de 1572.
4 Indiqué sous le nom de Gérard Zeythen en 1576, par M. Carlier, ce curé a échappé aux recherches des autres annotateurs.
5 Le *Cameracum* n'en fait pas mention. M. Derode, *Mémoires de la Société Dunkerquoise*,, 1855, p. 375, parle d'un curé nommé Jean Bart, en titre d'office vers 1580 ; dans sa *Notice sur l'église St-Eloi*, p. 83, il signale Martin Bart, curé en 1585. Ces deux personnages n'en font bien certainement qu'un avec notre Martin Back, curé depuis 1576. M. Carlier, *loco citato*, signale ce dernier en 1584.

bataillons de ses troupes dans ces villes pour y tenir garnison avec un gouverneur zélé calviniste, lesquels ayant semé peu à peu leurs hérésies, pervertirent presque tous les habitants ; jusqu'à ce qu'enfin le Magistrat étant devenu hérétique, interdit l'office divin le 1er novembre 1579, chassa de la ville son pasteur, les ecclésiastiques, les Cordeliers et les Sœurs-Blanches [1], et déclara Pierre Berdt ministre après l'avoir entretenu pendant deux ans, tant en particulier, qu'en public, des fonds de la fabrique. Les autels et les immages furent renversés des églises suivant la coutume des iconoclastes, et on n'y professoit plus que le Calvinisme, jusqu'à ce que la ville ayant été reprise par le duc de Parme le 16 juillet 1583, la religion catholique y fut rétablie, les hérétiques chassés, le pasteur rapellé avec les ecclésiastiques et les Cordeliers ; l'église fut purifié et consacré par Mgr Rythovius premier évêque d'Ypres [2], qui, pour récompenser M. Martin Back, pasteur, qui l'avoit si bien mérité, l'honora d'un canonicat de son église cathédrale ; en conséquence, il résigna sa cure entre les mains de Monseigneur au commencement du mois de juillet de l'an 1585 [3].

5 juillet 1585. M. FRANÇOIS VERHAER [4], licencié en théologie, doyen de chrétienté, lequel ne pouvant subsister

---

[1] Faulconnier, t. I, p. 78, ne parle que des religieuses du Tiers-Ordre de St-François (depuis Conceptionnistes ou Sœurs-Blanches) et dit qu'elles se retirèrent à Calais, laissant deux d'entre elles pour garder la maison et pourvoir à l'instruction des enfants des bourgeois restés fidèles à leur foi.

[2] Ce fait est également indiqué dans Faulconnier, t. I, p. 88. Dans son *Esquisses historique et biographique sur Rythovius* (Bruges, 1859, p. 65), mort en exil à St-Omer, le 1er octobre 1583, M. Adolphe Yweins d'Eeckhoutte croit avec Aubert Le Mire que ce fut pendant son séjour à Aire, que l'évêque d'Ypres parvint à réconcilier l'église de Dunkerque. Notre collègue paraît avoir ignoré la visite pastorale que Rythovius fit à Dunkerque à cette occasion.

[3] Cette date suffit à prouver que la résignation de la cure eut lieu non sous Rythovius, mais sous son successeur, Pierre Simoens.

[4] Il manque sur la liste de M. Derode et dans le *Cameracum*. M. Carlier lui donne le nom de François Veraer.

dans ces temps de calamité, messieurs du Magistrat lui firent donner, des deniers de la fabrique, 10 liv. de gros et ensuite 20 liv., pour lesquels il paya une rente annuelle, et en 1586, il reçut une pareille somme du marguillier, à titre de cens. Il remit sa cure l'an 1588. Ce fut sous lui que fut instituée la confrérie du Rosaire, par le prieur de Bergues [1].

St-Martin 1588. M. PHILIPPE DE CLERCK[2], surnommé *Clerici*, étoit d'Alost, il fut tiré des curés de St-Bavon de Gand [3] pour être pasteur de Dunkerque, ensuite pasteur de St-Jacques à Anvers; enfin, en 1615, il fut nommé doyen de Harlebecque, et de Ste-Philaraïde à Gand, où il mourut le 20 septembre 1630.

Ce fut sous luy que le grand autel [4], construit de pierres fort recherchées, fut achevé; il coûta 25,000 livres, et il fut béni par Mgr. Pierre Simoens, second évêque d'Ypres. Le 15 juillet 1588, l'église fut ornée du beau tableau du martire de St Georges [5]. On donnoit au curé, tous les ans, des deniers de la fabrique, 8 liv. 6 s. 8 d. de gros pour son logement. On entoura de murs le chœur [6] l'année 1595.

---

1 Ce prieur ne serait-il pas Pierre de Walloncappelle, l'annaliste de l'abbaye ? Il vivait à cette époque.

2 Il n'est pas rappelé dans le *Cameracum*, mais M. Carlier en fait mention. M. Derode le trouve sous le nom de Philippe Padre ; ce qui reviendrait à Philippe, curé : *padre*, père et, par extension, pasteur, curé, en espagnol; on disait en flamand : *paepe, prochie paepe*.

3 Son nom ne se trouve pas dans l'*Histoire de l'église St-Bavon*, par Hellin.

4 L'autel dont il est ici question est celui dont le bourgmestre avait posé la première pierre en 1574, et dont la construction fut interrompue à cause des troubles. Faulconnier, qui donne t. I, p. 97, quelques détails sur le maître-autel de 1588, dit qu'il fut fait par Mathieu Vander Haghen, l'un des plus habiles sculpteurs de son temps, et qu'il fut doré par Everaert Ackerlant.

5 M. Derode et, avant lui, Faulconnier, t. I, p. 76, ainsi que plusieurs manuscrits sur Dunkerque, ont mentionné cette acquisition, qu'ils placent en 1578, c'est-à-dire pendant le règne des iconoclastes. Nous préférons la date de 1588, admise par notre manuscrit ; Dunkerque était pacifié à cette époque.

6 Selon une note rapportée par M. Derode, notice citée, p. 52, le chœur aurait été entouré en 1589 d'une clôture de bois, par Louis Vander Eecke, menuisier de Bergues. Faulconnier, t. I, p. 100, mentionne un fait iden-

L'orgue fut achevé par Pierre Isoor [1], et coûta 1,500 florins, Enfin, il quitta la cure de Dunkerque le 30 aoust 1598.

26 septembre 1598. M. Nicolas Baudeloot [2] fut nommé doyen de chrétienté en 1603. Il donna à l'Eglise un calice d'argent; mais, accusé d'un crime atroce, il fut obligé de se retirer au mois de septembre 1607.

28 octobre 1607. M. Guillaume Rythovius [3], licencié en théologie, fut envoyé icy comme déserviteur. Il fonda un anniversaire avec la cloche de Maria [4], à la charge d'être célébré, et qui se célèbre en effet le 2 octobre. Il mourut le 2 octobre de l'année 1612. Peu après sa mort, le 17 octobre 1612. les R. P. Jésuittes [5], s'établirent icy. La cure fut desservie par M......, son vicaire.

tique en 1594, et dit que la boiserie fut faite par Jean Rogier, très habile sculpteur.

1 Voir M. Derode, p. 56. Faulconnier, t. I, p. 100, cite également ce fait, qu'il place en 1594.

2 Le *Cameracum* ne fait pas mention de Boudeloot, et M. Derode *(Notice sur l'église St-Eloi*, p. 83) ne nous indique pas l'époque de son entrée en exercice. M. J.-J. Carlier, dans le *Bull. du Com. fl.*, t. II, nous dit que ce curé, dont le procès se termina le 23 juin 1609, par une condamnation en vingt ans de bannissement, avait été commissionné à Dunkerque par le nonce apostolique avec « clause d'Estat ». Il n'en resta pas moins curé titulaire, malgré sa condamnation, puisque nous verrons tout à l'heure qu'il ne résigna ses fonctions, qu'en 1631.

M. Derode, qui a étudié avec beaucoup de soin la longue et pénible instruction de cette affaire, n'a pas retrouvé moins de vingt-neuf pièces en flamand qui y sont relatives et qui sont consignées dans le registre que nous avons déjà eu l'occasion de citer à propos du curé Wouters. Notre collègue a indiqué les rubriques de toutes ces pièces dans les notes qu'il a remises au Comité sur les actes en flamand déposés aux archives municipales de Dunkerque. La longueur de cette intéressante nomenclature ne nous permet pas de la reproduire ici.

3 Entre Nicolas Boudeloot et Guillaume Rythovius, M. Carlier *(Bulletin du Comité*, t. II, p. 139) place en 1606, Olivier Goethals, et, en 1607, Pierre Goetghent; ils ne furent que desserviteurs, comme Rythovius, et conséquemment ils ne doivent pas, plus que lui, figurer sur la liste des curés titulaires. Rythovius était évidemment parent du premier évêque d'Ypres. Ni le *Cameracum*, ni M. Derode (notice citée, p. 83) n'ont recueilli le nom de ce curé, qui est rappelé par M. Carlier, à la date de 1608.

4 Cloche qui n'existe plus, bien qu'une catégorie de services funèbres porte encore, à Dunkerque, le nom de grand-Maria, petit-Maria.

5 Faulconnier, t. I, p. 119, fixe au 15 octobre l'arrivée du recteur des Jésuites de Bergues, le R. P. Smidt, chargé de faire connaître au Magistrat de Dunkerque les intentions des archiducs et de l'évêque d'Ypres touchant

1ᵉʳ novembre 1614. M. GERARD ROSSEEL[1] étoit de Courtray. Il vint en qualité de desserviteur. Le magistrat luy donna pour logement la maison qu'ont toujours occupé depuis les curés. Ses réfections ont toujours été à la charge de la fabrique; on payoit tous les ans aux R. P. Jésuittes 200 liv. des fonds de la fabrique, ce qui fut payé depuis l'année 1621, jusqu'à l'année 1626 exclusivement. Il mourut ou quitta sa cure en 1628.

Les Capucins[2] et les Clairisses[3] s'établirent icy la même année.

les fondations d'un collège de la Société de Jésus. Cet auteur dit que l'établissement des RR. PP. eut lieu le 17 décembre, ce qui nous conduit au pastorat de Gérard Rosseel, et non pendant la vacance. La date du 17 octobre, donnée par nos manuscrits, n'est peut-être qu'un *lapsus calami*.

Dans son *Histoire religieuse de la Flandre maritime*, p. 281, M. Derode croit que l'arrivée des Jésuites à Dunkerque remonte au moins à 1589, et il base son opinion sur ce que, cette année, le magistrat leur avait accordé une somme de 420 livres pour l'érection de leur collége. Cette libéralité aurait-elle produit immédiatement ses fruits et le roi Henri IV, alors grand ennemi des RR. PP., n'aurait-il pas pendant longtemps traversé les desseins de la Compagnie, en sa qualité de seigneur de notre ville? C'est ce que nous ne saurions affirmer. On trouvera de curieux détails sur les Jésuites de Dunkerque, dans M. Derode, ouvrage cité, p. 281 et *passim* ; dans les *Armoiries des anciennes Institutions religieuses féodales et civiles des Flamands de France*, par M. J.-J. Carlier (*Annales du Comité flamand*, t. II et IV); dans Faulconnier, *passim*, et dans le *Cameracum*, p. 362. Le premier bienfaiteur des PP. de la Compagnie de Jésus à Dunkerque, fut un nommé J.-B. Vriese, qui leur donna la maison où ils s'établirent.

1 Gérard Rosseel ne doit pas figurer sur la liste des curés titulaires. M. Carlier le mentionne en 1614, comme notre manuscrit. M. Derode le trouve en 1620, et le *Cameracum* en 1626. C'est pour ainsi dire par lui que M. Le Glay commence sa liste, interrompue depuis trois siècles.

2 Sur les Capucins de Dunkerque, voir Faulconnier, t. I, p. 134, 143. Cet auteur et un autre manuscrit qui nous vient de M. Dasenbergh disent que les Capucins s'établirent à Dunkerque au commencement de l'année 1626. M. Derode, dans la notice qu'il consacre aux disciples de St François de la stricte observance *(Histoire religieuse de la Flandre maritime*, p. 286), n'adopte pas cette opinion. Le *Cameracum*, p. 353, rapporte sur ce couvent les quelques lignes qu'y consacre Sanderus, *Fland. illust.*, t. II, p. 557; on y lit que le couvent fut construit en 1640. Des dates antérieures, citées par M. Derode, rendent ce millésime contestable.

3 M. Derode, *Histoire religieuse*, p. 292, fait arriver les premières Clarisses à Dunkerque en 1623 ; mais, d'accord avec Faulconnier, t. I, p. 129, et avec le manuscrit cité plus haut, il place l'établissement du couvent en 1625. Ce ne fut toutefois qu'au printemps de 1626 que la maison des Pauvres-Claires fut définitivement fondée à Dunkerque. (Voir M. Raymond De Bertrand, *Histoire des Pauvres-Clarisses de Gravelines*. Dunkerque, 1857, p. 46-47).

4 mars 1628. M. Pierre Persyn[1] étoit d'Ypres. Il vint icy en qualité de curé desserviteur, mais pour la résignation de M. Nicolas Bandelvot *(sic)*, il fut nommé pasteur en titre le 18 mars 1631. Il mourut de la peste au mois de juin de l'année suivante, 1632[2].

28 juin 1632[3]. M. Pierre Middelem, licencié en théologie, étoit de Cassel. Il avoit été curé de Watou et doyen du district de Poperingue ; cette même année le sanctuaire fut entouré de balustrades de marbre[4] et on fit les deux portes latérales du cœur ; les ballustrades coûtèrent 400 liv. de gros, les portes de marbre 783 liv. 11 s. 10 d. et les portes de bois 26 liv. de gros.

Les sœurs du Tiers-Ordre prirent en 1637 la règle des Conceptionistes et le couvent fut fermé[5] ; le magistrat accorda à la fabrique tout le droit qu'il avoit sur la sonnerie des cloches ; la grosse cloche dite Jésus fut fondue en 1642[6]. On

---

1 Pierre Persyn est cité dans le *Cameracum* et dans la *Notice sur l'église St-Eloi*, à la date de 1630; M. Carlier *(Bulletin du Comité*, p.140) nous dit qu'il était bachelier en Sorbonne, et nous rappelle que, suivant Faulconnier, t. I, p. 135, il mourut de la peste apportée à Dunkerque par un navire venu du Levant.

2 La date de 1632 n'est adoptée ni par M. Derode (notice citée, p.83), ni par Faulconnier, t. I, p. 135. Tous deux placent la mort de ce curé en en 1633 ; M. Derode fixe cependant, comme notre manuscrit, l'avènement de Pierre Middelem à 1632, ce qui est assez difficile à concilier avec l'existence de son prédécesseur.

3 Le *Cameracum*, d'accord avec M. Derode, comme avec notre texte, trouve que Pierre Middelem exerçait en 1632. M. Carlier le mentionne en 1633.

4 Voir *Notice sur l'église St-Eloi*, p. 38, 53-54. Suivant M. Derode, les portes seules auraient coûté 1,200 livres de gros.

5 M. Carlier, qui fixe cette modification dans la règle du couvent à l'année 1636 *(Annales du Comité*, t. II) a donné, dans les t. II et IV des *Annales*, des détails fort complets sur les religieuses dont il est ici question. Il a recueilli tout ce qu'en a dit Faulconnier. M. Derode, dans son *Histoire religieuse*, a également parlé des Conceptionnistes. Notons ici que la Chronique du monastère d'Eversham, publiée par la Société d'Emulation de Bruges, 1852, p. 23-24, confirme pleinement ce que dit Faulconnier de la part que prit cette abbaye à l'édification de la communauté fondée à Dunkerque, en 1426, par les religieuses du Tiers-Ordre de St-François.

6 C'est la même cloche qui, en 1644, tomba sans se briser lors du service religieux célébré à Dunkerque pour le repos de l'âme d'Elisabeth de France,

admit alors pour sacristain [1] M. Pasquier Remey prêtre. En 1646 furent fondus les deux grands chandeliers [2] qui sont aux côtés du grand autel; ce curé plein de zèle fonda un anniversaire avec la cloche de Maria qui se célèbre le 4 novembre et fit donation à l'église d'un calice d'argent et des burettes. Il mourut le 3 novembre de l'année 1647.

En 1642 l'institution de la confrérie des Trépassés [3].

30 novembre 1647. JEAN COOLAERT [4] de Givelde étoit avant vicaire en cette ville, il fut enlevé par la peste le neuvième mois de son exercice, le 3 aoust 1648.

Etablissement des Pères Minimes en cette année.

13 septembre 1648. M. PIERRE DE BINDER [5] avant curé et doyen à Ledresel [6] diocèse de St-Omer, la ville étoit alors sous la domination de S. M. T. C., on établit alors trois prêtres qu'on nomma Epistolaires [7] ; il mourut le 28 octobre 1650.

---

reine d'Espagne (voir Faulconnier, t. I, p. 156). Elle existe encore aujourd'hui et elle est connue dans la ville sous le nom de la Grosse-Cloche. (Voyez la description qu'en donne M. Thélu, *Annales*, t. II, p. 334.)

1 M. Derode (notice citée, p. 83) fait aussi remonter au XVIIe siècle l'établissement du sacristain.

2 Ces deux chandeliers, que Faulconnier, t. I, p. 99, dit être parfaitement travaillés, avaient été faits en partie avec les colonnes et les branches de métal qui soutenaient le voile de la consécration. L'usage d'isoler les tabernacles ayant été aboli, il en résulta des modifications dans la décoration des églises. Les colonnes dont il vient d'être question provenaient du bronze donné par le magistrat, avec l'autorisation du duc de Parme (Faulconnier, *loco citato*, rectifié par M. Derode, *Notice sur l'église St-Eloi*, p. 54). Ces chandeliers n'ont rien de commun avec les ridicules pièces de bois bronzé qui existent aujourd'hui à St-Eloi et qui ne remontent pas à plus de vingt-cinq ans.

3 Jean-Baptiste, suivant le *Cameracum*, d'accord avec MM. Carlier et Derode.

4 En 1647, suivant Faulconnier, t. I, p. 196; M. Derode, *Histoire religieuse*, p. 290.

5 Manque sur la liste de M. Derode, mais est rapporté par M. Carlier, à la date de 1649.

6 Le *Cameracum* n'en fait pas mention sur la liste des curés de Dunkerque; il le signale parmi les curés de Ledezeele, arrondissement de Dunkerque, sous le nom de F. Debluider, 1640-1648. M. Carlier nous écrit qu'il présume que ce curé exerçait à Ekelsbeke entre 1631 et 1632.

7 Pour la composition du personnel de l'église St.-Eloi au XVIe, au XVIIe et au XVIIIe siècle, voir la *Notice sur l'église St-Eloi*, p. 83-84.

— 13 —

23 novembre 1650. M. Jacques[1] Vandercruce d'Ypres cy-devant vicaire en cette ville; en 1651 les R. P. Jésuittes commencèrent à prêcher l'avent et le carême, ainsi que l'octave du Très Saint-Sacrement; les Récolets en furent chargés l'année suivante, et les Capucins l'année 1663[2], pour être à l'avenir observé par tour; par les Augustins et les Carmes d'Ypres avoient coutume d'accourir pour cela; en 1651 commença l'usage de donner à la confession pascalle les petites cartes avec l'effigie et cachet de St-Eloy, ce qui s'observe jusqu'à ce jour; la ville fut prise en 1652 par les Espagnols. Les Carmes déchaussés furent admis en ville en 1653[3]. L'année suivante fut construite la chapelle des Dunes[4] ou de la Fontaine dite la petite chapelle des deniers de la fabrique. En 1758[5], au mois de juin, la ville fut assiégée par l'armée des François et Anglois et les Espagnols qui étoient venus pour la secourir ayant été battus aux Dunes, elle se rendit le [6] juin aux François qui le même jour la cédèrent aux Anglois. Le gouverneur voulant obliger le pasteur, son clergé et tous les habitants de la ville à prêter entre ses mains le serment d'infidélité à Cromwel protecteur

---

1 Il se trouve sur les trois listes consultées, mais avec quelques petites différences qu'il est bon d'indiquer. M. Derode, *loco citato,* l'appelle Ignace et le rencontre en 1651, comme le *Cameracum.* M. Carlier, d'accord avec notre texte, le mentionne en 1650.
2 Lire ici 1653.
3 Cette date n'est pas admise par M. Derode, *Histoire religieuse,* p. 277. Faulconnier, *passim,* donne quelques détails sur les Carmes de Dunkerque.
4 Il ne peut s'agir ici que d'une reconstruction, car la chapelle existait bien avant cette époque. (Voir la notice de M. A. Dasenbergh, sur la Petite-Chapelle, journal la *Dunkerquoise* du 9 avril 1844, et la *Notice historique* de M. Raymond De Bertrand, Dunkerque 1853, p. 16 et suiv.) Le fait dont il est ici question, est peut-être ce qui a donné lieu à l'assertion de Piganiol de La Force, qu'un gouverneur espagnol aurait fait bâtir la Petite-Chapelle dans un terrain enclavé dans les fortifications. (Voir M. V. Derode, *Histoire religieuse,* p. 301.)
5 Lire ici 1658.
6 La date a été laissée en blanc. Turenne signa la capitulation de Dunkerque le 24 juin 1658.

et usurpateur de l'Angleterre, ce curé fut chassé de la ville et se retira à Bergues pendant tout le tems que la ville resta sous la domination de l'Angleterre[1], mais en 1662, Louis le Grand Roy de France ayant acheté cette ville des Anglois pour le prix de cinq millions, il rétablit le curé à Dunkerque. Les religieuses bénédictines angloises sy établirent alors [2]; on détruisit les murailles du côté de l'orient et du midy, la ville fut agrandie et environnée de fortifications ; la nouvelle chapelle de St-Eloy[3] et le cimetière furent bénis au mois de may 1674 par M. Jacques Gilbert [4] doyen de chrétienté et la première messe y fut chantée par le pasteur, l'année suivante on construisit pour les chantres une nouvelle tribune[5] au dessus de la porte du milieu du chœur ; ce pasteur mourut le 26 septembre 1678.

M. J. B. Cornelissen son vicaire obtint la desserviture de

---

1 Faulconnier, t. II p. 34, rapporte ce fait, et ajoute que « les supérieurs des couvents ne se montrèrent pas si difficiles » et qu'ils prêtèrent serment.
    Voici du reste ce que nous trouvons sur cet incident, dans un manuscrit que nous tenons de M. Dasenberg, et qui est intitulé : *Révolutions, origines et privilèges de la ville de Dunkerque* :
    « M. Jacques Vandercruicen, pasteur de l'église paroissiale voulut mettre
» cette restriction à son serment : *à la réserve des secrets de la confession*,
» Mylord Lockart lui dit qu'il pouvoit, en prêtant son serment, faire telles
» restrictions qu'il jugeroit à propos, mais qu'il n'en pouvoit faire mention
» dans aucun acte ; ce pasteur s'étant obstiné dans son sentiment, fut obligé
» de quitter la cure. Il se retira à Bergues, et M. Van Woestwinkel, son
» premier vicaire, la desservit jusqu'à ce que Dunkerque changeât de domi-
» nation, Les supérieurs des maisons religieuses prêtèrent le serment, disant
« qu'ils connaissoient leurs obligations et ce qu'ils devaient faire. »
    MM. Derode et Carlier ont également constaté la fermeté du curé flamand.
2 Cet établissement eut lieu pendant la domination anglaise, et non sous le régime français. Faulconnier, t. II, p. 44, le dit formellement, ainsi que M. Derode *(Histoire religieuse*, p. 296). Ce dernier donne, *loco citato*, d'intéressants détails sur la maison des Bénédictines anglaises. M. Carlier *(Annales du Comité*, t. II, p. 207, et t. IV, p. 154) fournit également de curieux renseignements sur ce couvent.
3 Voir M. Derode, *Notice sur l'église St-Eloi*, p. 21.
4 Jacques Gillebert, doyen de chrétienté et curé de St-Pierre à Bergues, depuis 1673, avait été auparavant curé de St-Pierre à Cassel. (M. David, *Bulletin du Comité*, t. II, p. 158.)
5 Faulconnier, t. II, p 85, place en 1674 la reconstruction du jubé.

la cure. Le 6 novembre 1653 fut instituée la confrérie de la Très-Sainte Trinité.[1]

15 janvier 1679. M. GERVAIS DESVIGNES[2] natif du Mans en Normandie étoit bachelier en Sorbonne[3] et avoit été professeur de philosophie au collége de Graissins à Paris, chanoine de Maestrich sur Meuse, quoiqu'il ne fut pas encore prêtre. Il prit possession le 20 janvier 1679. Il commença à résider en 1680[4]. Ce digne et vigilant pasteur gouverna son troupeau avec beaucoup de soin tant de paroles que d'exemple ; il avait appris le flamand et l'anglois, afin d'être à portée de suffire à tout. Ce fut sous luy que furent érigées le 4 décembre 1698 les confréries de Ste-Barbe[5] et du Très Saint Sacrement pour l'ornement de laquelle il fit faire les six lanternes et le daix d'argent et un devant d'autel très précieux.

GERVAIS DESVIGNES fit faire aussi pour le cœur un ornement rouge très beau, un noir et un violet[6], et tout ce qui en dépen-

---

[1] Les brochures concernant cette confrérie sont assez nombreuses ; une d'elles sort des presses de P. Labus, nous en possédons un exemplaire.

[2] Ce digne ecclésiastique figure également sur les autres listes à la date de 1679.

[3] M. Carlier lui attribue aussi le titre de bachelier en Sorbonne. (*Bulletin du Comité*, t. II, p. 140.)

[4] Il est suppléé en 1689, par un vicaire nommé Louis Seizes. (M. Carlier, *Bulletin du Comité*, loco citato.)

[5] Suivant l'opuscule intitulé : *Réérection de la confrérie de Ste-Barbe dans l'église paroissiale de St-Eloi*, Dunkerque, chez Vanwormhoudt, sans date, cette confrérie aurait été érigée le 16 novembre 1698, par Martin de Ratabon, évêque d'Ypres ; elle fut rétablie en vertu d'une Bulle donnée par Pie VII, le 13 juin 1818. Cette institution ne doit pas être confondue avec l'association militaire placée sous la même invocation et qui était beaucoup plus ancienne. Les statuts de cette dernière « mûrement pesés et dressés par » messieurs les conestable, roy, capitaine de la noble confrérie de madame » Sainte-Barbe, » furent renouvelés en 1695, à ce que porte le titre d'une plaquette dont nous devons un exemplaire à l'obligeance de notre collègue, M. Thélu. M. Carlier a parlé avec détails de la confrérie (militaire) de Ste-Barbe, dans le t. II des *Annales du Comité*.

Nous possédons la plupart des brochures relatives aux confréries de Dunkerque, et nous nous réservons d'en parler dans notre bibliographie dunkerquoise.

[6] M. Derode signale cet ornement, à la p. 67 de sa *Notice sur l'église St-Eloi*.

doit; il fit pour les chantres des chapes de toutes couleurs et régla que l'office divin s'y feroit de la même manière que dans les églises collégialles; il eut soin que les autels des chapelles des confréries fussent ornés de croix et de chandeliers d'argent à leurs frais, aussi bien que l'autel du Vénérable, celui du Rosaire, de la Trinité, de St-Barthélémy et de St-Jean[1]; en un mot, il augmenta tous les ornements de son église qu'il avoit fort à cœur, il augmenta aussi les fondations des messes et anniversaires par l'effet de ses soins infatigables; en 1682 les Sœurs Noires destinées à servir les malades furent admises en ville[2]; en 1693 on construisit de nouvelles maisons à l'usage des quatre vicaires dont le nombre n'avoit été jusqu'alors que de trois[3] et un cinquième, qui fut M. N^{as} Eckebert fut envoyé à la basse-ville et on luy donna un logement, il léga à l'église par son testament les tapisseries et une lampe d'argent. Il fonda un anniversaire avec la cloche de Jésus, qui se célèbre tous les ans le 17 avril; ce digne pasteur grand défenseur des droits de sa cure, plein de mérite, et qui auroit du vivre toujours pour le bonheur des Dunkerquois, mourut ledit jour 17 avril 1703.

M. Judocus de Seck, son premier vicaire obtint la desserte de la paroisse.

7 octobre 1703. M. DENIS DE CHAUSSEPIED DEPUIS-

---

[1] Ces chapelles n'existent plus, sauf celle du St-Sacrement.
[2] Faulconnier, t. II, p. 93, et M. Derode *(Histoire religieuse,* p. 299) sont d'accord avec notre texte pour la date de l'établissement des Sœurs-Noires.
[3] Suivant M. Derode *(Notice sur l'église St-Eloi,* p. 83), les vicaires étaient au nombre de cinq dès le XVIe siècle. Le même auteur, p. 84, ne fait remonter l'établissement du chapelain de la basse-ville qu'au XVIIIe siècle. Un manuscrit de 1697 dit que le personnel de l'église se composait du curé, de cinq vicaires ou chapelains, dont un pour la basse ville, de trois épistolaires ou diacres, d'un sacristain, d'un maître de musique, de six ou sept musiciens, de quatre enfants de chœur, etc.

MARTIN [1] était natif de Paris, docteur de Navarre; en 1705, on réforma l'abus qui avoit coutume de se faire le jour de la Pentecôte, par la descente d'une colombe sur la tête du pasteur [2], en imitation de la descente du St-Esprit. On avoit coutume d'inhumer les corps des paroissiens dans l'église ou dans le cimetière des R. P. Récolets ; il fut arrêté par Mgr. l'évêque qu'on n'y entereroit plus à moins qu'en vertu de testament ou par droit de sépulture ; on fit plusieurs fondations de son tems ; enfin en 1713 les fortifications de la ville ayant été détruittes, le port comblé par un bâtardeau et la ville devenant déserte, il résigna sa cure entre les mains du pape en 1714, ayant été fait aumônier d'une princesse de France et abbé commandataire de l'abbaye de Rivaux, près Paris, où il a vécu jusqu'en 1753. Il a fait présent à l'église d'une lampe de grande valeur, cy 1714.

M. Judocus de Seck, premier vicaire, obtint la desserte de la cure.

14 avril 1715. M. FRANÇOIS-LOUIS DE ZWARTE [3], de Cassel, étoit curé de Notre-Dame, à Poperingue ; il obtint cette cure par la voye de Rome, malgré les vicaires-généraux. Il en fut mis en possession par l'officiat de St-Omer. Le R. P. Colzart [4], dominiquain donna à notre Eglise les re-

---

1 Ce curé est rapporté sur les trois listes consultées.
2 C'est sans doute la colombe d'argent que M. Derode (p. 66, notice citée) nous représente comme un *ex voto* suspendu à la voûte de la chapelle du St-Sacrement.
3 De Zwarte est rapporté dans le *Cameracum* ainsi que dans les listes de MM. Derode et Carlier. — Il reçut, en 1717, le tzar Pierre Ier dans l'église St-Eloi. Ce fut ce curé qui, le 4 janvier 1728, donna au grand bailli, Pierre Faulconnier, l'approbation nécessaire pour l'impression de sa « Description historique de Dunkerque. »
4 Le Père Colzaet (et non Colzart), dominicain, enseignait la théologie à Rome avec une grande distinction. Il était natif de Dunkerque, selon Faulconnier, t. II, p. 198.
Notre poète De Swaen avait le pressentiment des grandeurs auxquelles

liques de Ste-Claire et de Ste-Barbe; en 1731, on fit l'acquisition d'un très bel ornement en blanc; la même année, on fit revivre la dévotion de la confrérie des âmes pour laquelle on chante tous les lundys au matin une messe solennelle.

Le 6 avril fut institué la confrérie de St-Roch [1].

Il mourut le 5 février 1733.

M. De Seck, premier vicaire, en obtint la desserte [2].

23 août 1733. M. HENRY-ANTOINE GRAMON [3], natif de Dunkerque, étoit curé de St-Pierre à Bergues et doyen de chrétienté [4]; il obtint cette cure par la voye du concours; il rétablit la fréquentation de l'église paroissiale qui étoit entièrement négligée. Il fit réparer toute l'église depuis le toit jusqu'au pavé, par les soins de MM. Charles et Jacques Morincq [5] frères, maîtres de la fabrique; il augmenta tous les ornements et linges à usage de l'église, ainsi que l'argen-

---

était appelé le P. Colzaet; il lui adressa, lors de la prise d'habit, une magnifique pièce de vers qui se trouve dans un manuscrit autographe donné par nous au Comité. — *Annales*, t. IV, p. 414. Cette pièce, intitulée : « Zegen-wensch aen den Godtminnenden en welberaden Broeder B[r] Joannes » Coolzaet, in de wytberoemde priorij van de E. E. Paters Predykheeren, » syne eeuwige belofte sluytende, te Winnoxbergen », est le développement d'une parole de l'Ecriture : « Semen cecidit in terram bonam. »

1 Cette date est incomplète; elle diffère de celle que nous trouvons dans les *Instructions pour...* la confrérie de St-Roch, imprimées chez E. Laurenz, où il est dit que la Bulle d'Innocent XIII, portant érection de la confrérie, est du 26 juillet 1720.

2 *Suppléez* : de l'église.

3 M. Derode, notice citée p. 83, place entre les curés Chaussepied et Gramon un personnage du nom de Decraeque. Cet ecclésiastique était un vicaire de la paroisse qui la desservit momentanément, mais qui ne fut jamais curé titulaire. Notre manuscrit écrit par un auteur contemporain cite *De Cracke* comme bienfaiteur de l'église, voir à la page suivante.

4 Le *Cameracum*, ainsi que M. De Baecker, *Recherches historiques sur la ville de Bergues*, p. 177, et M. Carlier, *Bulletin du Comité flamand*, p. 140, le font curé de St-Pierre de 1722 à 1732, tandis que M. David, *Bulletin* cité, p. 158, ne lui attribue ce titre qu'à partir de 1723.

Comme curé de Dunkerque, Gramon est omis dans le *Cameracum*, M. Derode le mentionne à la date de 1753, *Notice sur l'église St-Eloi*, p. 83. Dans le *Bulletin*, t. II, p. 38, M. l'abbé Carnel dit que le décanat de Bergues fut remplacé par celui de Dunkerque; nous croyons pouvoir affirmer que Dunkerque tout en devenant décanat n'empêcha pas Bergues de continuer à former une circonscription ecclésiastique particulière.

5 Qu'il nous soit permis de donner quelques détails sur les deux frères dont il est ici question. Ils étaient fils de Jean Morincq, trésorier de Dun-

terie et les livres pour l'office divin; ce fut à sa prière, qu'en 1736, on changea les autels du Rosaire et du St-Sacrement pour la plus grande commodité des communiants et la plus grande décence du St-Sacrement. On construisit aux frais de la confrérie du St-Sacrement un tabernacle d'argent et six grands chandeliers et la croix [1].

Le 10 may 1736, Monseigneur Delvaux, évêque d'Ypres, bénit l'autel de Ste-Gertrude [2] qui avoit été nouvellement bâti ainsi que ceux de St-Julien [3] et de Ste-Anne ; on reconstruisit à neuf l'autel de St-Pierre, on remit en état le beau tableau de St-George qui avoit été fort négligé [4]; la confrérie de St-Mathias fit faire quatre chandeliers d'argent ;

---

kerque pendant de longues années, mort le 21 janvier 1723, à l'âge de soixante-dix neuf ans, et de Catherine de Bouzy (pierre tombale dans l'église St-Eloi). Charles mourut le 10 juillet 1757, et fut enterré dans la chapelle Ste-Anne. Il était conseiller du Roi, trésorier de la ville et territoire de Dunkerque, « ancien, et pendant huit ans, très zélé marguillier de cette église», à ce que dit son acte de décès. Je possède un écusson funéraire qui servit à son enterrement.—Ses armes étaient : d'or, à une fasce de gueules, accompagnée en chef, d'une tête de more de sable, tortillée d'argent, et en pointe, d'un annelet de sable. Quant à Jacques, M. Thélu a retrouvé son nom dans l'inscription qui existe sur la cloche dite de St-Jean, avec cette forme « Morinco »; ses armoiries y sont reproduites, et notre collègue en a donné l'explication, *Annales du Comité*, t. II, p. 334-335, d'une façon moins complète, à cause de la difficulté qu'a dû lui présenter l'endroit où elles sont placées. Les armoiries de cette famille données dans l'*Armorial de Flandre* dressé par d'Hozier, édition de M. Borel d'Hauterive, page 561, sont supposées. Suivant une note que nous devons à M. J.-J. Carlier, la famille Morincq a eu pour dernière descendante la femme de M. Legaigneur, à Dunkerque.

1 M. Derode qui, p. 66 de sa *Notice sur l'église de St-Eloi*, ne mentionne pas ce fait, signale par contre l'acquisition en 1708, par la confrérie, d'un chandelier en fer, véritable chef-d'œuvre de serrurerie.

2 M. J.-J. Carlier a été assez heureux pour retrouver l'emplacement de cette chapelle ; d'après un vieux plan qu'il possède, elle était située dans la nef septentrionale, la première en entrant dans l'église. Elle n'existe plus depuis la pseudo-restauration de 1783.

3 La chapelle St-Julien n'existe plus ; c'était la troisième à droite en entrant. Quant à la chapelle Ste-Anne, dont M. Carlier ne connait pas l'emplacement, il n'était bien certainement pas à l'endroit où il se trouve aujourd'hui.

4 C'est cette restauration que le Dunkerquois J.-B. Descamps a si fort déplorée dans son *Voyage pittoresque de la Flandre et du Brabant*, édit. de Paris 1838, p. 303. Le tableau de St Georges se trouve aujourd'hui au-dessus de l'autel St-Pierre d'avant 1783, et l'autel St-Georges était alors où est la porte de la rue des Vieux-Quartiers.

celle de St-Roch, six, et celle des pescheurs, quatre. MM. De Cracke et De Seck fondent une messe quotidienne ; on obtient des reliques de notre patron St-Eloy qu'on a enchâssées dans un marteau d'argent et on a fait approuver un office propre en son honneur ; on répare les orgues et on refond trois cloches [1]; on répare l'ornement noir de la première classe et il en coûta 1,800 liv. le 19 mars 1751. On établit avec grand concours la confrérie du Sacré-Cœur de Jésus ; D. Joustel fonda trois messes par semaine dans l'église paroissiale; en 175.? on détruisit les murs des côtés du chœur et on y posa un grillage très artistement fait [2], et l'année suivante la tribune ayant été ôtée et transportée dans le fond de l'église, on y mit à la place un grillage et deux portes de fer de même travail, afin de laisser voir librement à tous les assistants la célébration des saints mistères dans le chœur ; ces grilles et portes coûtent.....; en 1758, le sanctuaire fut pavé de marbre, et pour que ce pavé ne receut aucun dommage lorsqu'il seroit question d'ouvrir les sépultures pour les curés et gouverneurs de la ville, on a construit deux caveaux, un du côté de l'Evangile pour les curés et un autre du côté de l'Epître du grand autel pour les gouverneurs.[3]

[1] Une seule des cloches fondues à cette époque existe encore, c'est celle dite de St-Jean. — Voir à la page précédente la note relative à Jacques Morincq.

[2] M. Derode, *Notice sur l'Eglise St-Eloi*, p. 54, nous apprend que ce grillage fut fait en 1755 par deux serruriers de Cambrai.

[3] La plupart des détails donnés plus haut sur les faits qui ont eu lieu sous l'administration du curé Gramon se retrouvent dans l'excellente *Notice sur l'église St-Eloi*, de notre infatigable collègue M. Derode, p. 53-54). Ils y sont de plus rangés à leur date respective, d'après les livres des comptes.

M. David, *Bulletin du Comité flamand*, p. 158, nous apprend que Gramon mourut le 11 janvier 1767, à l'âge de soixante-dix ans. Deux Dunkerquois, parents de ce curé occupèrent, à la même époque, des positions élevées dans le clergé des Pays-Bas autrichiens. L'un, Josse Gramon, d'abord moine et professeur à St-Winoc, passa ensuite à l'abbaye d'Oudembourg qu'il gouverna pendant treize ans avec le titre de prieur ; il mourut le 15 des calendes de

II.

SUPPLIQUE

D'UN CURÉ DE DUNKERQUE.

(1328, 16 février).

A vous, très chier singneur, commissaire député de par Mons. Robert de Flandre, singneur de Cassel, as plaintes et as supplications de chiaus qui ont souffert damages, griefz et périls, pour le raison des esmeutes de Flandre, monstre en complaignant maistre Jehans Lain, prestres curés de Dunkerke et doyens de le chrestienté de le ville et dou tieroir de Berghes que, come ou temps de excellent prince Charle clère memoire, jadit roy de France et Navarre no sire sentences d'ex-

---

juin 1732 ; l'autre, Folquin Gramon, frère du précédent, reçu moine à St-Bertin, au temps de l'abbé Mommelin Le Riche, devint professeur de philosophie et fut enfin appelé, par l'empereur Charles VI, au gouvernement de l'abbaye d'Oudembourg, le 16 août 1734. Il mourut le 31 décembre 1736, à l'âge de quarante-quatre ans. La chronique d'Oudembourg, éditée en 1840 par M. l'abbé J.-B. Malou, aujourd'hui évêque de Bruges, fait, p. 76, un grand éloge de Folquin Gramon, qui se trouve aussi mentionné dans les *Abbés de St-Bertin*, de M.H. de Laplane, t. 1, p. 389. Ce dernier auteur signale encore parmi les moines de St-Bertin un Winoc Gramon de Dunkerque, qui paraît avoir été neveu des précédents. Il prit l'habit le 20 octobre 1731, devint curé de St-Momelin et mourut l'âge de quarante-huit ans, le 7 septembre 1760. Enfin un Robert Gramon était curé d'Aremboutscappel-Cappelle, puis de Bierne, en 1694. Voir *Bulletin du Comité flamand,* t. II, p. 260.

Ici s'arrête notre travail d'annotateur ; nous eussions pu compléter le document que nous publions en y adjoignant la liste des curés qui ont succédé au curé Gramon, mais nous avons pensé que cette courte et aride nomenclature n'ajouterait rien à la valeur de notre manuscrit. Les derniers curés de Dunkerque ont d'ailleurs été indiqués avec trop de précision par le *Cameracum*, et par M. Derode, pour que l'insertion de leur nom devienne nécessaire ici.

A peine vingt-cinq ans s'étaient-ils écoulés après la mort de Gramon, que des lévites d'un nouveau genre venaient encenser, sur les autels profanés de l'église St-Eloi, la « déesse Raison » dont le culte avait succédé à celui de l'Homme-Dieu.

communicment et d'interdit... furent jetées et publiiés par le conté de Flandre, horsmis aucunes bones villes et leurs apertenanches, à le instance doudit roi n^{re} seigneur, et dou reverent père en Diu le evesques de Senlis, comissaire no saint père le PP, as queles sentences li clerget de Flandre, pour les esmeutes et les orribles rebellions des malvais, se doutoit de cesser grandement, et à tenir et warder lesdites sentences, se requist ledit m^e Jehan Lain et fist requere lidit clerget de West-Flandre que il voulsist nunchier, publiier et manifester devant tous lesdites sentences à tenir et warder, et il qui estoit en liu dou rev. p. en Dieu M. Ingerr. par le grace de Diu, evesque de Tirewane, come un de ses doyens, à le requeste doudit clergiet, fist appieller abbés, prevos, chanoines... moines, prestres, chapelains et closement tout le clergiet de West-Flandre, en un certain liu, chest à savoir en l'église Sainct-Martin en ledite ville de Berghes. A lequele assanlée vint Coppins Peyt li Renoyes, maistre de toutes esmeutes devant dites, a tout n^e armures de fer et illeuc, appellé le grace dou Saint-Esprit premièrement, il come doyens prononcha et manifesta devant aus tous lesdites sentences publiiés et jetées à tenir et warder fermement. Et à celle heure lidis clergiez et lidis maistre Jehans eussent été tué et mordry desdties malvais, se Diex leur n'eust aydiet. Et pour chou, à la requeste doudit Coppin Peyt le Renoyet et que lidis maistre Jehs ne voloit rappeler, après le pays faite à Arkes, chou qu'il avoit pronunchié devant, et que il ne voloit cognoistre que les dites sentences furent fausses et malvaises, fist-il défendre par toutes les églises dou tieroir de Berghes que nuls audit clergiet ne payast rentes ne débites nulles. Après il fist defendre que nuls leur servist sour paine d'estre anemy à la communité dou pays, et sous paine de x libr. par. payer, toutes les foys que aucuns, quelque il fuist, yroit ou feroit contre ledit comandement, si que toute sa masnie le laissas guerpyet. Et après che manecha il ledit maistre Jehan à tuer, s'il ne widast le pays; et le fist manechier par ses compaignons. Si lui convint à forche et soudainement widier le pays de Flandre et guerpir sen liu, ses biens et ses héritages à si grant haste que ses biens meubles et non meubles demorerent ou pays de Flandre; et si ala manoir en le ville de St-Omer, là où il manut un an et XIIII semaines avant que il revint à son liu. Par lequel ocoyson il est apouris et adamagiés de v^c libr. par. et plus; car liditz maufaiteurs et rebelles prinsent et reuberent et emporterent tous ses biens meubles qu'ils puerent trouwer, brisierent ses maisons, recheurent ses rentes; si que il lui convint vivre hors de son pays à pouverté selonc son estat, et est cheus en grandes usures pour l'ocoyson devant dite. Pour laquele chose supplie lidis maistre Jehans doyens à vous, très chiers singneurs commissaires dessusdis, que restitution de sa perte lui soit faite, selon Diu et raison, par vostre debonnaireté, sour les biens de chiaus qui audit maistre Jehan fisent les damages, pertes, griefs et molestes en sour le tieroir de Berghes et les villes à ce consentans, ou là où il vous samblera que droys est et raison. Et tant voilliés faire en ce cas que Diex vous en puisse mérir. Et lidis maistre Jehans offre à prouver et mettre en voir tout chou et aussi avant que mestier lui sera, à vostre pourveue ordenance et volenté. Et en tesmoignage de vérité, a lidis maistre Jehans ceste presente supplication, scellée dou scel de le dyenné de ledite chrestienté de Berghes, faite l'an de grace MCCC vingt et wyt, le xvie jour dou mois de fevrier.

Chest le playnte et supplication de maistre Jehan Lain curé de Dunkerke, doyen de le chrestienté de Berghes deseure dit, abreviet premierement, à le requeste dou clergiet, enssi que deseure est dit, lidis maistre Jehans pronuncha les sentences d'excommuniement et d'enterdit warder, et pour chou voulant Coppin Payt et si compaignon maufaiteur qu'il les eust rappiellé et congnut qu'elles fussent fausses, malvaises, et dist lidis Coppins que il feroit plegerie d'amende, damage et vilenye qu'il avoit fait en commun, où il n'aroit nient en sa vie ne en ses biens ; sour chou il fist defendre que nuls lui servist ne fesist aucune subvencion ; après il le manacha et fist manechier ; dont lidis — vida le pays un an et XIIII semaines, et laissa tous ses biens, lesquels il perdit pour les esmeutes, dont il est adomagiez de v^c libr. dont il supplie que le damage lui soit restoré. Donné comme desseure [1].

(*Archives du Nord, Ch. des comptes,* n° 6383)

---

[1] M. le docteur Le Glay, avec cette obligeance inépuisable que chacun lui connaît, a tenu à revoir lui-même cette épreuve sur le texte original dont la lecture est très difficile. Nous lui en témoignons ici notre vive reconnaissance.

Lille. Imp. Lefebvre-Ducrocq.

www.ingramcontent.com/pod-product-compliance
Lightning Source LLC
Chambersburg PA
CBHW060919050426
42453CB00010B/1825